Wolfgang Böhler

Intensiv leben

Bibliografische Information der Deutschen
Nationalbibliothek:

Die Deutsche Nationalbibliothek verzeichnet
diese Publikation in der Deutschen
Nationalbibliografie, detaillierte bibliografischen
Daten sind im Internet über http://dnb.dnb.de
abrufbar.

© 2016 Wolfgang Böhler
Herstellung und Verlag:
BoD – Books on Demand, Norderstedt
ISBN 978-3-7431-8065-9

für Tiko

Der Sehnsucht Räume eröffnen

Begegnungen erfahren

Abenteuer erleben

Wolfgang Böhler

INHALT

Mich verlieben	9
Verlieben	10
Sehnsucht	11
Regen am Meer	12
Der geheimnisvolle Garten	15
Lisas Buch	18
Schwarze Gestalten	20
Ein später Abend	22
Mein Schneckenhaus	23
Die unsichtbare Kraft	24
Begegnung	28
Konjunktiv	29
Wut	31
Grenzerfahrung	33
Eukalyptusblätter	39
Abend in Cavalaire	40
Pfingsten in Växjö	41
Ein Baum leistet Widerstand	42
Abschied	45
Für Dich	46
Die vergessene Göttin	47
Micha hat Angst	51
Der syrische Junge	54

Mich verlieben

Möchte wissen, wie das ist, sich zu verlieben?

Einmal hören:
bleib!

Eine Hand an meiner Schulter:
komm!

Einen Körper spüren,
der meine Wärme sucht

einer Stimme lauschen,
die mich meint

in Augen sehen,
die mich suchen

einen Herzschlag fühlen
neben mir

einmal erleben
wie das ist

Verlieben

Möchte wissen, wie das ist, mich zu verlieben?

Einmal sagen:
bleib!

Meine Hand an deiner Schulter:
komm!

Deinen Körper spüren,
der meine Wärme sucht

deiner Stimme lauschen,
die mich meint

in deine Augen sehen,
die mich suchen

deinen Herzschlag fühlen
neben mir

einmal erleben,
wie das ist

Sehnsucht

Ich will in deinen Schuhen gehen

im Rhythmus deiner Schritte

ich gebe mich dem Zauber hin

der deinen Worten innewohnt

in deinen Augen möcht ich mich verlieren

in deine Herzensräume lockst du mich

die Stolpersteine meiner Schüchternheit

du löst sie auf

das Pochen deines Herzens

ich suche es vergeblich

warte immer noch auf dich

aus einem Traum bin ich erwacht

die Sehnsucht ist geblieben

Regen am Meer

Die Luft ist schwül an diesem Morgen

Der Wind spielt mit dem Wasser

Weiße Kronen auf dem Kamm der Wellen

Wolkenhaufen türmen sich

Boote schaukeln hin und her

Surfer suchen Küstennähe

Am Abend tobt der Sturm

Fegt durch die Pinienkronen

Möwen flüchten sich in Felsennischen

Eine Krähe krallt sich am Geländer fest

Wer noch draußen ist, flüchtet nach drinnen

Wogen branden an die Felsen

Immer stärker, immer höher

Brechen sich an scharfen Kanten

Gischt schäumt

Strandholz splittert

Wellen klatschen an die Mauern

Reißen Steine mit

Spülen Feuerquallen an

Tang, Muscheln, Plastikflaschen, Schuhe, ein zerfetzter Schirm, ein toter Fisch

Dachziegel fallen, eine Bretterwand kippt um

Eine Glasscheibe bricht

Da steigt Poseidon aus der Tiefe

Wirft wütend seinen Dreizack

Sintflut, Weltuntergang?

Aus dunklen Wolkenbänken

Prasseln Regenwände

Hagelkörner bohren Krater in den Sand

Aus rabenschwarzem Dunkel zucken grelle Blitze

Werfen Lichtkegel auf das Wasser

Donner grollt, die Erde zittert

Schwächer wird das Tosen in der Nacht

Der Meeresgott zieht weiter

Die Stille kehrt zurück

Um Mitternacht

Gehe ich entlang der Uferstraße

Durch das Gewühl von Platanenblättern

Und abgerissenen Ästen

Erste Sterne blinken

Und dann in einer Wolkenlücke

Groß und klar: der Mond

– der Vollmond –

Der geheimnisvolle Garten

Sierre, damals in den 70er Jahren noch verträumt in die südlich wirkende Landschaft eingebettet, unten die Rhone, die träge der Mündung in den Genfer See entgegenfließt. Keine Autobahn und Schnellstraßen stören das Bild. Weit oben die Kulisse der schneebedeckten Walliser Alpen. Diese wunderbare Lage wusste auch Rilke zu schätzen, der sich in das Turmzimmer des Château de Muzot zurückzog und sich von der Aussicht inspirieren ließ. Ich mache mich vom Bahnhof aus auf den Weg, den Turm dieses Anwesens zu finden. Die Straße windet sich in einigen Kehren hinauf zum oberen Ortsteil. Bald kann ich auf die Giebel der alten Häuser schauen. An der linken Straßenseite ist eine Lücke in einer verwitterten Mauer. Mein Blick fällt auf ein hohes, schmiedeeisernes Tor, dessen Eingangstür halb offensteht. Es ist nicht ersichtlich, ob es sich hier um den Eingang zu einem öffentlichen Park handelt, der allen Besuchern zugänglich ist, oder um ein privates Grundstück. Meine Neugierde ist stärker als meine Bedenken. Langsam gehe ich auf dem mit feinem Kies bedeckten Weg in das Gelände hinein. Eine mit Efeu bewachsene Mauer spendet Schatten, auf der anderen Seite stehen hohe Zypressen wie Wächter. Man sieht sie oft vor herrschaftlichen Anwesen im Süden. Das Geräusch des Straßenverkehrs verebbt. Unsicher nähere ich mich einer alten Villa. Die kunstvoll geschnitzte Pforte hat einen Türklopfer. Die Fenster im Erdgeschoss sind vergittert. Es ist niemand in der Nähe. Vielleicht ist das Haus unbewohnt? Hinter der Villa erstreckt sich ein

Garten. Da Gärten von jeher mein Interesse wecken, schleiche ich um das Gebäude, um mehr zu erfahren. Rosmarin und Lavendel verströmen einen betörenden Duft. Blühende Thymiankissen säumen die schmalen Wege. Auf einer mit Kalkstein belegten Treppenstufe wärmt sich eine Eidechse. Segelfalter und Bläulinge fliegen auf. Ich setze mich auf eine Stufe, höre dem Summen der Bienen und dem rhythmischen Zirpen der Zikaden zu.

Da dringen sehr leise die Töne eines Klaviers an mein Ohr. Es ist eine Sonate von Mozart. Ich stehe auf und gehe der Musik nach. Über dem Erdgeschoss steht ein Fenster offen. Die weißen Vorhänge sind beiseitegeschoben und bewegen sich leicht im Wind. Wie angewurzelt bleibe ich etwas unterhalb des Hauses stehen und schaue unentwegt zu dem Fenster hinauf. Plötzlich verstummt die Musik, ein Mädchen mit langem blondem Haar schließt geräuschlos das Fenster. Mir stockt der Atem. Ich sehe, dass sie sich vom Fenster entfernt und rasch wieder dem Inneren des Zimmers zuwendet. Ich warte, ob sie vielleicht noch einmal die Vorhänge beiseiteschiebt, weil sie mich gesehen haben könnte. Ich bekomme Herzklopfen vor Aufregung. Vielleicht wird sie jetzt in den Garten kommen, Blumen gießen oder einen Strauß binden, um ihn nachher auf das Klavier zu stellen, oder mich gar ansprechen? Einerseits fühle ich mich als Eindringling, andererseits bin ich bereit, mich auf etwas einzulassen, dessen Zauber ich mich nicht entziehen will. Ich warte und träume vor mich hin. Plötzlich öffnet sich das Fenster. Das Mädchen zieht den Vorhang zur Seite, lächelt, beugt sich leicht vor, winkt mir zu.

Ich bin wie gelähmt und bringe kein Wort über die Lippen. Was soll ich auch sagen? Da steht sie plötzlich auf der obersten Treppenstufe, streicht mit der einen Hand zart über den Lavendel, mit der anderen Hand macht sie eine einladende Bewegung, fordert mich auf, näher zu kommen. Ich stehe wie angewurzelt da und rege mich nicht. – Nein, das hast du jetzt nur geträumt, sage ich zu mir.

Wie benommen und traurig verlasse ich den Garten. Dabei blicke ich mich mehrmals um, bis ich an das schmiedeeiserne Tor gelange und gedankenverloren zur Stadt hinuntergehe. Angesichts der großen Sommerhitze verzichte ich darauf, das Schlösschen de Muzot zu suchen. Ich fühle mich von einem Zauber ausgeschlossen, von dessen Anfang ich gekostet habe. Enttäuscht gehe ich die Straße zum Bahnhof hinunter.

Lisas Buch

Wenn ich in einer fremden Stadt bin, sind es zuerst die Buchhandlungen, die mich magisch anziehen. Es ist mir zu einer lieben Gewohnheit geworden, dass ich auf einer Liste die Titel der Bücher notiere, die mein Interesse wecken. Anschließend suche ich ein Café auf, wähle eine gemütliche Ecke und beginne neugierig in dem neu erworbenen Buch zu lesen. Ich bin dann darin so vertieft, dass mancher Kaffee dabei kalt geworden ist. Heute entdeckte ich eine ganz kleine Buchhandlung, die in der Häuserzeile kaum auffiel. Das Metallschild über dem Eingang, das ein aufgeklapptes Buch zeigte, lockte mich hinein. „Mein Buchladen" stand als Schriftzug quer über dem Schaufenster. Eine schmale Wendeltreppe führte zum Obergeschoss. Überall, wohin ich auch schaute: Bücher. Der Laden quoll geradezu über: in den Regalen, auf Tischen, auf den Treppenstufen, im Kassenbereich. Oben war es sehr still. Ich hörte nur ein Glöckchen, wenn jemand das Geschäft betrat. Ich genoss diese Stille, dazu kam noch der besondere Geruch der vielen Bücher. Während ich in diese heimelige Atmosphäre eintauchte, erschrak ich, als plötzlich ein Buch aus dem Regal vor meine Füße fiel. Bücher machen sich doch nicht selbstständig, dachte ich in diesem Augenblick. Vielleicht war dieses Buch nicht richtig in die Reihe hineingeschoben. Ich hob es auf und wollte es wieder in die Lücke stellen, die entstanden war. Ich zuckte zusammen, als sich von der Rückseite des Regals eine Kinderhand zwischen den Büchern hervorschob. Ich schob die Buchrücken etwas zur Seite, da zeigte sich das Gesicht eines kleinen Mädchens, umrahmt von blondem Haar. Mit weit geöffneten, erschrockenen Augen blickte mich das Kind an. Schnell zog es sich zurück. Neugierig geworden ging ich auf die andere Seite des Regals, auf der ich das Kind vermutete. Da kauerte es auf dem Boden zwischen mehreren Bücherstapeln. Ich schätzte sein Alter auf etwa sechs Jahre. Wie war wohl das Kind unbemerkt hierher geraten? Ich holte einen Hocker, der in der Nähe stand, setzte mich und fragte: „Wie heißt du? Kann ich dir helfen?" Das Mädchen erwiderte schüchtern: „Ich bin Lisa. Meine Oma ist blind, ich soll ihr aus einem Kinderbuch vorlesen. Sie hat es vor langer Zeit gelesen. Ich kann es aber nicht finden." „Kannst du dich erinnern, wie es heißt?", fragte ich. Lisa dachte angestrengt nach und meinte nach einer Weile: "Von Räubern und einer Tochter oder so ähnlich." „Du meinst vielleicht ‚Ronja Räubertochter'", sagte ich. Da ging ein Strahlen über Lisas Gesicht. „Ja, so heißt es, ja, ja", rief sie. Wir machten uns auf die Suche. Ich holte das Buch aus dem Regal und sagte zu ihr: „Auch ich habe das Buch gelesen, sogar ein paarmal, und ich habe Ronja im Theater gesehen."

Lisa drückte das Buch an sich wie einen kostbaren Schatz. Wir gingen zur Kasse in das Erdgeschoss hinunter. Sie zog einen kleinen Geldbeutel aus ihrem Rucksack, bezahlte und sagte noch rasch: "Jetzt geh' ich mit Ronja zu meiner Oma, sie freut sich bestimmt." Die Buchhändlerin meinte: „Ist das ein selbstständiges Kind, ist das Ihre Enkelin?" „Leider nein", erwiderte ich und verabschiedete mich.

Schwarze Gestalten

Schwarze Gestalten

in langen Reihen

ziehen sich den Hang hinauf

in feuchter Wintererde

verkrüppelte skurrile Wesen

Arme in betender Gebärde

vergewaltigte Stümpfe

an Pfählen festgebunden

an rostigen Drähten gezogen

flehend erhobene Köpfe

Echsenkörper

aufgerissene Haut

stumme Klage

dem grauen Himmel entgegen

meine Schritte

immer schneller den Hang hinauf

weg von hier

kein Blick zurück

Das Nadelgrün des Waldes

saugt meine Trauer auf

Ein später Abend

Oliven, Brot und Wein laden mich ein an diesem Abend

Kerzen flackern in Alabasterschalen

werfen ihr Licht auf einen Hokkaidokürbis

Konturen der Bäume vor dem Nachthimmel

Laub raschelt im warmen Wind

Geranienblüten fallen auf den Terrakottaboden

ein Nachtfalter breitet seine Flügel aus

Fledermäuse jagen durch das Dunkel

Wo bleibt der Mond in sternenübersäter Nacht?

Mit einem Schimmer matten gelben Lichts kündigt er sich an

Langsam schiebt er sich über einen Giebel

Jetzt entledigt er sich jeder Scheu

entblößt sich ganz und strahlt

behütet meinen Schlaf

bis in den frühen Morgen

Mein Schneckenhaus

Mein Schneckenhaus

mein Zuhause

meine Geborgenheit

mein Gefängnis

herauskriechen

ausbrechen

das Gehäuse zertrümmern

dann bin ich nackt

so wie ich bin

verletzlich

zerbrechlich

und weiß nicht wohin

Die unsichtbare Kraft

An diesem Morgen weiß ich noch nicht, dass dieser Tag ein besonderer Tag ist, der im Gedächtnis haften bleibt. Für die Tagestour habe ich nur wenige Dinge in den Rucksack gepackt, um mit geringem Gewicht zu wandern. Der Postbus setzt mich am Bahnhof von Pontresina ab. Es sind nur ein paar Minuten Gehzeit bis zu der Stelle, an der der Wanderweg in das Rosegtal beginnt. Dieses malerische Tal – bekannt von Kalenderfotos und Aufnahmen in Film und Fernsehen – hat den Vorzug, dass auf der einzigen Straße, die es gibt, keine Autos fahren dürfen. Nur Pferdekutschen wirbeln Staub auf. Es sind Spaziergänger, ein paar Wanderer und ein älteres Paar, die ich überhole. Der Weg schlängelt sich durch einen lichten Arvenwald, kleine Birken und Adlerfarn säumen den Rand. Einige Meter tiefer rauscht der Wildbach. Zwischen den hohen, rotbraunen Stämmen liegen Steinblöcke verstreut, die sich vor langer Zeit von der nahen Felswand gelöst haben. Der Weg windet sich entlang, wird schmäler, das Tal verengt sich. Aus der Ferne höre ich noch das Pfeifsignal der rhätischen Bahn. Zwei Stunden sind vergangen, die angekündigte Steigung von 800 Metern zur Tschiervahütte, die am Eisrand liegt, hat noch nicht begonnen. Eine Lichtung tut sich auf. Unmittelbar neben dem Weg Felsen, die sich zu steilen Wänden auftürmen, mehrere Hundert Meter hoch, wie ich der Wanderkarte entnehme. Auf der anderen Seite des Bachs breiten sich Kiesbänke aus, in großer Entfernung steht das einzige Haus, das Hotel Roseg. In meiner Nähe steht auf dem Wegweiser „Alp Misaun".

Ich sehe einen Baumstamm, der am Wegrand liegt, setze mich, hole ein Brot aus dem Rucksack, überlege, zögere, eine merkwürdige Unruhe erfasst mich, die ich mir nicht erklären kann. Das Brot verstaue ich wieder im Rucksack, stehe unschlüssig auf und warte. Es ist ein merkwürdiges Gefühl. Ich schaue in alle Richtungen. Niemand ist in der Nähe. Ich spüre keine Angst vor irgendetwas. Da ist das Gefühl wieder, das mir von anderen Situationen bekannt vorkommt. Ich höre in mich hinein. Dieser Platz, an dem du stehst, ist nicht gut für dich, spricht das Gefühl, geh weg und zwar rasch, beeile dich! Ich setze meinen Rucksack auf. Nach ungefähr hundert Metern sehe ich eine alte Bank und setze mich. Kein Luchs, kein Bär, kein Wolf. Alle drei sind sehr scheu. Außerdem gibt es Bären nur im Nationalpark, und der ist weit weg. Stille um mich herum. Hin und wieder knackt ein Zweig, ein Fichtenzapfen fällt irgendwo herunter. Meine Anspannung ist immer noch sehr stark. Dennoch erscheint mir dieser Platz sicherer. Kein Mensch, keine Gespenster, nichts. Über den Fichten und Lärchen der blaue Sommerhimmel. Da erinnere ich mich an Wanderungen im Schwarzwald. Wenn ich plötzlich eine Drossel auf dem Waldboden rascheln hörte, zuckte ich zusammen, drehte mich nach ihr um und merkte, dass es wirklich nur das Rascheln des Vogels im Laub war, das mich erschreckte. Während ich diesen Gedanken nachhänge, vernehme ich plötzlich ein Donnern und Poltern, ein Gewitter ist es nicht, keine Wolken sind am Himmel. Ich traue kaum meinen Augen.

In weiten Bögen stürzen große Felsbrocken herab, prallen auf Felsabsätze, donnern erneut in nächsten weiten Bögen herunter, prallen wieder ab, liegen dann verstreut im Wald und auf dem Weg und genau an der Stelle, an der ich Minuten vorher stand und eine Rast einlegen wollte. Es ist ein unheimlicher Tanz springender Steine, gesplitterter Felsen, Geröll. Auf einmal Stille, eine unheimliche Stille. Es ist vorbei. Mir ist flau im Magen. Mein Herz pocht. Will mit jemandem sprechen. Ich traue der Stille nicht. Da erinnere ich mich an den Weg durch das Gelände von Arth-Goldau, wo im 19. Jahrhundert der Bergsturz ein paar Hundert Menschen unter sich begrub. Stürzt vielleicht auch hier die Bergwand herunter? Ich gehe nicht zu der Stelle, an der die Brocken liegen, und bleibe eine Weile stehen. Es kommt kein Wanderer vorbei und ich sehe auch keine Menschen, die auf dem Rückweg sind. Ich bin allein und erschüttert von dem, was gerade passiert ist. Ich habe das Gefühl, dass mich eine Kraft weggezogen hat. Vorsichtig mache ich mich wieder auf den Weg, der jetzt zunehmend steiler wird. In Kehren geht es den Moränenhang hinauf. Nur noch kleine Lärchen und Birken wachsen in den Lücken zwischen dem Geröll. Die Luft wird dünner, das Atmen beim Steigen mühsamer. Ich bleibe häufig stehen und schaue die Wände an, über die der Steinhagel herunterkam. Sehr schmal wird der Pfad auf dem Kamm der Moräne. Unten liegt der Roseggletscher, die Tschiervahütte wird sichtbar. Ich berichte dem Hüttenwirt meine Beobachtung des Geröllsturzes, lehne mich an die von der Sonne gewärmte Holzwand der Hütte und schaue auf das Eis. Da liegt es blau schimmernd wie in einem Bett und hat eine magische

Anziehungskraft. Mit gewaltigem Poltern stürzen immer wieder Stücke ab. Ich bedauere, dass ich mich nicht auf eine Übernachtung eingestellt habe. Da zieht plötzlich Bewölkung auf. Wolkenpakete türmen sich aus dem Nichts. Das Wetter ändert sich rasch. Wolken kochen vom Eis herauf. Nebel verhüllt den Piz Roseg. Die fast 4000 Meter hohe Spitze ist verborgen. Die Temperatur sinkt. Auf dem Rückweg fallen erste Regentropfen. Ich komme wieder in der Nähe des Platzes vorbei, wo am Vormittag der Steinschlag war. Mit großen Schritten gehe ich durch das Tal. Ich warte nicht auf den Bus, sondern eile dem Campingplatz entgegen, flüchte vor dem stärker werdenden Regen und bin erleichtert, als ich mein Wohnmobil erreiche. Ich fühle mich erschöpft. Auch die Abenteuerlust macht einmal müde.

Begegnung

Auf dem Gehweg

mitten im Gewühl

sehe ich ein Lächeln

plötzlich, unerwartet, flüchtig

von Auge zu Auge

ein Augen-Blick

ein Wimpernschlag

ein Aufblitzen

ein Funken

ein Atemzug

Jetzt die Zeit anhalten

Neugierde

ein Hauch von Sehnsucht

nur für einen Augenblick

die Konturen des Gesichts verschwimmen

dann sinkt das Lächeln ab

in die Erinnerung

Konjunktiv

Bist du es, alter Kumpel? Ich kenn' dich doch!

Hast heute keine gute Laune, keine Pläne, keine Schnapsidee, wie so oft? Ich weiß, ich spotte über dich, du Armer!

Immer wieder entdecke ich, wie du dich in meinem Kopfe einnistest,

ich sollte einmal wieder, ich müsste, ich könnte, ich würde gern,

manchmal bist du ein Freund,

ein Schmeichler, ein Verführer, ein Flüsterer,

dann bin ich voll Mut, voll Risiko, voll Euphorie,

mit einem Rucksack voll Ideen geht's mir gut.

Sie tragen mich auf einer Welle,

lassen neue Pläne reifen

mit Rückenwind, Vertrauen, Lust,

manchmal bin ich hin- und hergerissen

zwischen Mut und Zögern,

möcht's nicht mit dir verderben, alter Kumpel,

du erscheinst in Träumen, an Festtagen, an Geburtstagen, um die Jahreswende, beim Lesen, beim Schreiben, beim Gehen,

schleichst dich in meine Gedanken ein,

ich sollte, müsste, könnte, würde gern,

du bist beharrlich, das muss ich dir lassen,

mein alter Kumpel Konjunktiv, mein Freund.

Wut

Habe eine Allergie

spüre sie in Herz und Hirn

auf was, auf wen?

Auf Schläge der besonderen Art: Ratschläge

ungebeten geäußert

gedankenlos geschwafelt

freundlich gesagt

feinsinnig formuliert

oberlehrerhaft geredet

beiläufig gesprochen

akademisch gestylt

tiefsinnig analysiert

rhetorisch geschliffen

freundschaftlich verpackt

habt ihr das Gespür verloren

was und wie ihr redet?

Ihr Besserwisser

Vielredner

Korrekturprofis

Literaturgurus

Klugscheißer

Wenn ihr euch traut

und in den Spiegel schaut

erschreckt ihr nicht?

Grenzerfahrung

Von Westen zogen dunkle Wolken über die Hochfläche der Cevennen. In einer kleinen Parkbucht stellte Peter seinen Wagen ab, kurbelte die Fenster hoch, stieg aus, schnappte den Rucksack aus dem Kofferraum und machte sich auf den Weg über das struppige Gras. Er hatte Lust, einfach querfeldein zu gehen. Kleine Senken fielen ihm auf, in denen windschiefe Birken und Ginsterbüsche wuchsen. Wegen der Vipern, die es hier mehr als irgendwo sonst gab, hatte er seine Bergschuhe an, die auch die Fußknöchel bedeckten. Er musste sehr vorsichtig sein. Es war sehr still, als ob die Erde alle Geräusche geschluckt hätte: kein Vogellaut, nicht einmal die oft unsichtbaren zwitschernden Lerchen in der Höhe, kein Summen der Insekten, kein Motorrad, kein Fluglärm. Es lag eine unheimliche Ruhe über der Landschaft. Die Senken kamen ihm merkwürdig vor. Er hatte ähnliche Kuhlen schon einmal auf der Schwäbischen Alb gesehen. Sie waren nur ein paar Meter tief, er stieg jedes Mal hinab und auf der anderen Seite wieder hinauf. Es war wie ein Spiel. Als er wieder in eine der Senken hinunterging, fiel ihm ein Loch im Grasboden auf, das er fast übersehen hätte, wenn da nicht ein Haufen Ausrüstungsgegenstände danebengelegen hätte: Helme, Klettergurte, Karabiner, Seile. Das Loch schien so groß, dass man hineinkriechen konnte. Er hütete sich davor, das auszuprobieren, sondern schaute in die Tiefe, sah aber kein Ende. Unfassbar, dachte er, blickte immer wieder ungläubig hinunter. Ein kühler, modriger Lufthauch zog herauf. Eine solche

Stelle hätte man irgendwo anders längst abgesperrt und gesichert. Peter wusste, dass sich in einigen Kilometern Entfernung das Labyrinth der berühmten Höhle von Dargilan über eine große Fläche unter der Erde erstreckte. Natürlich war das hier kein Höhleneingang. Er blieb neugierig stehen und wartete ab. Als er wieder vorsichtig nach unten schaute, erschrak er, denn er blickte in den Schein einer Stirnlampe. Irgendeine Stimme rief aus der Tiefe. Ein Mann zwängte sich durch den engen Spalt, hielt sich an einem Seil fest und hangelte sich ans Tageslicht. Peter hatte keine Halterung entdeckt, an der das Seil befestigt war. „Pierre", stellte sich der Fremde vor und reichte Peter die Hand, als ob sie sich schon einmal begegnet wären. „Ich auch", sagte Peter. Der Fremde machte einen erschöpften Eindruck. Dann wandte er sich wieder dem Loch im Boden zu und schrie hinunter: „Alles o.k.!" „Meine Tochter ist unten, wir erkunden die Tiefe", sagte Pierre. „Ich interessiere mich, wie es da unten aussieht, habe aber keine Ausrüstung, und ich bin Laie, bin kein Fachmann", sagte Peter. „Wollen Sie? Sind Sie fit? Dann greifen Sie zu Helm und Gurt." Offenbar war dieser Pierre kein Mann der langen Rede. Peter war völlig überrascht. Angst kroch in ihm hoch, als er in die finstere Tiefe blickte. Das ließ er sich aber nicht anmerken. Er setzte einen der herumliegenden Helme auf, schaltete die Stirnlampe ein und machte sich bereit. Noch ein kurzer Blick zum Himmel: Erste dicke Tropfen eines Gewitterregens klatschten auf seinen Helm. Die Neugierde war stärker als seine Bedenken, ob die Entscheidung richtig war, sich darauf einzulassen. Er schob die Fragen, die er noch hatte, beiseite, sonst hätte er doch noch gezögert. War das nicht eine einmalige Chance, ein Abenteuer zu erleben?

Pierre setzte sich an den Rand des Loches, die Beine baumelten herab. „Allons, vite, vite", sagte er, zeigte Peter die Schlaufe am Seil, in die er sich mit dem Karabiner einhaken sollte. Er selbst würde sich einige Meter hinter ihm hinunterlassen.

Jetzt sollte er sich auch noch als Erster abseilen. Er wunderte sich, dass Pierre ihm das zumutete. Inzwischen goss es in Strömen. Das Licht der Stirnlampe beleuchtete spärlich Erde und Fels, das Wasser floss in dünnen Rinnsalen in den engen Schacht, der nur einer Körperbreite Platz bot. „Attention!", schrie Pierre von weiter oben. Da fiel auch schon ein Stein auf Peters Helm, prallte ab und verschwand in der Dunkelheit. Peter hielt seine Beine dicht beieinander, um sich nicht durch Anstoßen an den groben Rändern des Schachts zu verletzen. Sehr behutsam und mit äußerster Konzentration ließ sich Peter hinab, in der Gewissheit, dass Pierre ihm im Abstand weniger Meter folgte. In der Tiefe ein Lichtschimmer, immer die Angst, dass durch herabsickerndes Wasser weitere Steine und Erde von oben herunterrutschen und im schlimmsten Fall den Spalt zuschütten könnten. Was dann? Er wollte nicht weiterdenken. Jetzt hatten seine Füße plötzlich einen Halt auf einer Steinplatte. Der Spalt weitete sich zu einer Kammer, in der man stehen konnte, in der Platz war, in der man sich bewegen konnte. Von den Wänden tropfte Wasser aus dem hellen Kalkstein, auch von der rissigen Decke tropfte es, der Boden war glitschig. Dann kam Pierre herunter und reichte ihm anerkennend die Hand. Da sah Peter die Umrisse einer weiteren Person. Das musste die Tochter sein. „Emely", sagte sie nur und reichte ihm die Hand. Die Lichtkegel der drei Stirnlampen huschten an den Wänden entlang. Da standen sie eine Weile alle drei, ratlos. Peter war beunruhigt, als er bemerkte, dass der Wasserstand der Pfütze in der Mitte der Kammer höher wurde. Pierre prüfte mit einem Hammer das Gestein und die Risse und suchte bald darauf nach weiteren Hohlräumen. Er hielt ein Messgerät in der Hand und machte Notizen. Vater und Tochter sprachen einige Sätze miteinander, die Peter nicht verstand. Einmal wandte sich Pierre an Peter und sagte nur „Attendre", abwarten. Peter erschrak, als plötzlich ein Steinbrocken herunterpolterte und in der Mitte aufschlug. Und, was viel schlimmer war, das Seil, das sie sicherte, rutschte mit herunter. Ein Schwall Wasser schoss hinterher und ließ das Wasser erneut ansteigen. Alles deutete darauf hin, dass sie alle drei eingeschlossen waren. Da rief Peter entsetzt: "Und was machen wir jetzt?" Furchtbare Angst schnürte ihm dann die Kehle zu. Vater und Tochter schwiegen. Kein Wort, kein Satz, keine Erklärung, an die er sich klammern könnte.

Pierre entdeckte bei der beharrlichen Arbeit mit dem Hammer eine sehr schmale Öffnung, etwa in Schulterhöhe, die in einen weiteren Hohlraum führte.

Die drei stemmten sich in die Höhe, halfen einander und krochen hinüber. Dort war es möglich einige Zeit auszuharren. Die Temperatur war kühl und frische Luft trat durch kleine Öffnungen. Im Rucksack von Pierre waren Notrationen für zwei Tage, die sie sich teilten. Sie hockten wenigstens auf trockenem Boden und konnten sich an die Wand lehnen, denn es zeigte sich Erschöpfung in den Gesichtern. Dann war da die Ungewissheit, wie sie wieder herausfinden sollten. Die beiden anderen wirkten bei aller Wortkargheit im Umgang mit dieser Situation erfahren. Peter brach ein Stück Baguette ab und schob es sich in den Mund. Nachdem die Kaugeräusche aufhörten, war nur noch Stille in diesem Raum. Hin und wieder tropfte es von der Decke.

Im spärlichen Licht sah Peter zum ersten Mal Emelys Gesicht. Nachdem sie ihren Helm abgelegt hatte, zeigte sich die blonde Haarfülle, die auch ihre Schultern und ihren Rücken bedeckte. Pierre hatte die Augen geschlossen und schlief, vielleicht träumte er auch nur vor sich hin, ebenso Emely. Peter betrachtete das zarte Gesicht, die winzigen Fältchen um die Augen, die kleine Nase. Er war in diesen Anblick ganz versunken. Plötzlich schlug sie die Augen auf, als ob sie auf diesen Augenblick gewartet hätte. Sie lächelte ihn an und schlief gleich wieder ein. Nach einer Weile spürte er, wie sich ihr Körper langsam an ihn lehnte und ihre linke Hand auf seinem Oberschenkel lag. Auch er war erschöpft und nickte immer wieder ein. Peter vermied jede Bewegung und genoss die Nähe, den ruhigen Rhythmus ihres Atems, die Berührung, die Wärme. Dann schlief auch er ein. Nach kurzer Zeit erwachten die drei. Peter spürte, dass sich sein Kopf fiebrig anfühlte. Er konnte kaum noch einen klaren Gedanken fassen. Er hörte hämmernde Geräusche und Stimmen an der hinteren Wand. Von der anderen Seite wurde an dem Durchbruch gearbeitet. Peter lehnte sich erschöpft an die Wand und wurde bewusstlos. Als er wieder zu sich kam, lag er in einem Raum des Zentrums für Höhlenforschung. Ein Arzt stellte eine Kreislaufschwäche und eine leichte Gehirnerschütterung fest. Er erhielt Medikamente zur Stabilisierung. Als er aus einem kurzen Schlaf erwachte, konnte er noch keinen klaren Gedanken fassen, blickte aber in ein Gesicht, das er sofort erkannte: Es war Emely, ohne Helm und Ausrüstung. Sie reichte ihm die Hand und drückte sie.

„Vous êtes très courageux", sagte sie lächelnd. Dann verließ sie den Raum der Krankenstation, ohne sich noch einmal umzudrehen.

Eukalyptusblätter

Der Wind wühlt in der Baumkrone

des Eukalyptusbaumes

Blätter, Blätter, Blätter überall

vom lebenspendenden Ast gelöst

des kostbaren Duftes beraubt

das kräftige Grün verloren

mondsichelförmig gebogen

wirbeln auf den Boden

Der Wind spielt mit den Blättern

den todgeweihten von den letzten Jahren

Die Sonne brennt auf das Grau

Die Nacht senkt sich auf Blättersterben

Abend in Cavalaire

Der seidene Schleier der Dämmerung

senkt sich über Hügel und Meer

Nebelschwaden hängen über dem Ufer

orangefarben hebt sich der Mond

aus dem Wasser

groß und klar

in der Ferne Hundegebell

ein Rascheln im Gebüsch

ein letzter Vogellaut

Dämmerung und Stille

verschwistern sich

und spinnen am Gewebe

der Nacht

Ich lausche dem Gesang der Nachtigall

bis in die frühen Morgenstunden

Pfingsten in Växjö

Die Domkirche in rotem Ziegelstein gebaut

umgeben von blühenden Kastanien

zwei spitze Türme ragen

in den blauen Himmel

Die Türen weit geöffnet

im Chorraum der Altar aus Glas

Stille erfüllt den Raum

Andacht und Erwartung

Der Bischof mit Mitra

erhebt sich vom Thron

würdevoll schreitet er die Stufen hinab

legt seine Hände auf das Haupt einer Frau

weiht sie und segnet sie

Sie steht vor ihm im Messgewand

jetzt ist sie Priesterin

Sie wendet sich hin zum Volk

brausender Beifall

und Orgelklang

Ein Baum leistet Widerstand

Ich lehne mich an die Seite meines Schreibtisches und schaue nach draußen. Auf der linken Seite der Fahrradschuppen, mehrere Meter vor mir die hässliche Seitenwand einer Garage, unten vor dem Kellergeschoss das Grün des Efeus, das den Boden überwuchert.

An der Stelle, an der eine Treppe mit wenigen Stufen nach unten zu dem verwilderten Grün führt, steht einsam ein Strauch. Er hat kräftige Äste und ist zu einem kleinen Baum herangewachsen. Er hat sich fast unbemerkt, eingezwängt zwischen der Treppe und dem Fundament des Schuppens, in wenigen Jahren emporgearbeitet.

Baum, wo kommst du her?, frage ich mich oft nachdenklich. An den warmen Frühlingstagen entwickeln sich Knospen, groß, spitz und klebrig, von Lebenskraft strotzend. Eines Morgens sehe ich, dass sich die ersten Blätter entfaltet haben. Nach wenigen Wochen sind sie handflächengroß – bald tellergroß. Sie erinnern mich an Seerosenblätter. Nein, sage ich zu dem Baum, diesen armseligen, dürftigen Platz hast du nicht verdient. Doch ändern kann ich das nicht. Ich spüre, wie er inzwischen mein Baumfreund geworden ist. Aufmerksam stelle ich jeden Morgen sein Wachsen und Gedeihen fest. Da habe ich mich auf den Weg gemacht und so etwas Ähnliches wie Ahnenforschung betrieben und entdeckt, dass es sich um einen Kiribaum handelt. Er heißt auch Blauglockenbaum, stammt aus Ostasien und wurde auch „japanischer

Kaiserbaum" genannt. In einer Pflanzanleitung lese ich, dass er sehr viel Platz und eine sorgfältige Pflege braucht. Mein Kiribaum hat das alles nicht, aber vielleicht wird er mir zum Glücksbringer. Diese Eigenschaft wird ihm zugeschrieben. In einer Nacht höre ich ein leises, gleichmäßiges Trommeln, das mich vom Einschlafen abhält. Das Geräusch macht mich unruhig und zugleich neugierig. Mit gespannter Aufmerksamkeit lausche ich. Dann halte ich es nicht länger aus, stehe auf, gehe vom Schlafzimmer hinüber zu meinem Raum und öffne das Fenster. Die kühle Nachtluft strömt herein. Der flackernde Schein einer Straßenlampe wirft einen Lichtschimmer auf die großen Blätter. Regentropfen fallen auf das Grün und perlen ab. Das Rätsel ist gelöst und ich lege mich wieder hin. Bei der beruhigenden Musik des Regens falle ich in einen tiefen Schlaf. In meinem Traum gleite ich auf ein riesiges Blatt und lasse mich vom Wind sanft wiegen wie auf einem schaukelnden Bett. Über mir das Grün in allen Schattierungen vom zarten Hellgrün bis zu dunklerem Moosgrün. Eine Menge Falter flattern in einem Lichtstrahl auf und ab, zwischen den Blättern hindurch. Als ich an einem Sommerabend wieder aus dem Fenster schaue, traue ich meinen Augen nicht. Es bietet sich mir ein entsetzlicher Anblick. Der Baum ist ein kurzes Stück über dem Erdboden abgesägt, nur die Stümpfe der kräftigen Äste sind übrig geblieben. Die Pracht der Blätter ist verschwunden. Ich bin sprachlos. Ich kann es nicht fassen. Ich bin wütend. Wie muss mein Baum gelitten haben! Er, der mir seit Monaten ans Herz gewachsen ist, ist nicht mehr da!

Es vergehen einige Wochen. Eines Morgens beobachte ich nach genauem Hinsehen, dass sich an den übrig gebliebenen Ästen Leben regt. Kraftvoll und trotzig behauptet er seinen Platz. Ich staune und freue mich. Mein Kiribaum treibt aus. Nach einigen Wochen hat er eine üppige Blätterpracht entwickelt. Auf der Seite sind weitere Triebe entstanden. Der Stamm hat die Dicke eines Bambusrohrs und ist jetzt etwa zehn Meter hoch. Inzwischen habe ich eine Kiribaum-Plantage bei Ladenburg entdeckt. Dort gibt es sogar Führungen. Es bleibt ein Rätsel, wie mein Kiribaum hierherkam.

Abschied

Ich schäme mich meiner Tränen nicht
du gehst, du fliegst, brichst auf zu neuen Ufern

ich bleib zurück und blick dir nach
seh' noch dein langes blondes Haar

du drehst dich noch mal zu mir um
deine Augen strahlen
voll Freude auf ein neues Leben
in der Fremde, die dir zur Heimat wird

keine Worte zwischen dir und mir
einen Gedanken hab ich noch
dich einmal in den Armen halten

es ist zu spät
ich lasse dich los
und bleib zurück

Für Dich

Du schreibst Gedichte
die mein Herz berühren
junge Dichterin

Wenn Du liest
lausche ich Deiner Stimme
bevor Du Deine Lippen bewegst
erspüre ich schon den nächsten Gedanken
der sich in Dir formt

Ich weiß um Deine Mühe
Wort an Wort zu reihen
Du wählst mit Sorgfalt Satz um Satz
und wächst und reifst
ich schaue zu
und wünsche Dir Gelingen

verzage nicht
habe Vertrauen
gebäre Deine Verse
in Schmerz und in Freude
dann lass sie los
und schick sie in die Welt

Die vergessene Göttin

Irritiert war ich schon, weil ich mir ihn ganz anders vorgestellt hatte, nämlich in wallendem, weißen Gewand, eine eindrucksvolle Gestalt mit viel Haar und Vollbart, die Arme entblößt und Sandalen an den Füßen. So kenne ich ihn aus den griechischen Heldensagen, herabgestiegen vom Götterhimmel, zumindest vom Olymp, wo er ja zuhause ist. Aber er war ganz anders. Er sah aus wie Mario Adorf, dem Schauspieler zum Verwechseln ähnlich und ganz normal gekleidet. Ich machte zur Begrüßung einen zaghaften Schritt auf ihn zu. "Erhabener Göttervater", stammelte ich verunsichert und überlegte, ob meine ersten Worte richtig gewählt waren. „Wie darf ich Sie ansprechen?", fügte ich noch hinzu. „Halt ein, lass den Unsinn und rede!", erwiderte er harsch. Mit einer ausholenden Geste wies er mir einen Platz an der Treppe zu einem Tempel zu. Mein Kopf, immer noch gefüllt von griechischer Mythologie, kämpfenden Helden, von Herakles und Theseus, so saß ich dem Göttervater gegenüber. Ist er es wirklich oder eine Täuschung?, dachte ich verunsichert. Er konnte wohl meine Gedanken lesen, sonst wäre es nicht zu dieser Verabredung gekommen. „Darf ich als Sterblicher dem unsterblichen Göttervater Zeus eine Frage stellen?" "Nur zu!", erwiderte er mit einer donnernden Stimme, die ich auf sein bedeutendes Amt zurückführte. Seine Augen hingegen blickten sanft und einfühlsam. Da nahm ich allen Mut zusammen, wog die Worte, die ich mir zurechtgelegt hatte, sorgfältig ab. Dabei machte ich einen Bogen um mein Anliegen und fragte: "Könnte es sein, dass du bei der

Erschaffung der Welt die Zärtlichkeit unter uns Sterblichen nicht bedacht hast, ich habe nämlich keine Göttin der Zärtlichkeit entdecken können?" Mir wurden die Knie weich, als ich endlich diesen Satz über die Lippen brachte. „Eigentlich gehört dies in das Aufgabengebiet der Aphrodite", antwortete er. Dann wurden die Augen des Göttervaters sehr groß und er schien durch mich hindurchzuschauen. Oder er dachte nach, wobei er in Gedanken zu versinken schien. Ich wurde ungeduldig und wartete. Nach einer Pause begann er wieder zu sprechen: "Weißt du, ich habe zuweilen den Überblick über die vielen Götter verloren, die ich erschuf." Wenn ich es richtig deutete, umspielte Ironie seine Lippen. „Ich gebe dir einen Rat", sprach er weiter, wobei er sich mir flüsternd zuneigte, als ob er mir ein Geheimnis verraten würde. "Reise nach Delphi, in den heiligen Hain, dorthin, wo das Orakel ist. Du hast sicher davon gehört. Dort wächst ein wunderbarer Wein, der dich in Träume versetzt." Der Göttervater erhob sich und verschwand, ohne seine Rede fortzusetzen oder sich zu verabschieden. Ich dachte über seinen Hinweis nach. Nach Weissagungen des Orakels war mir wirklich nicht zumute. Und Ratschläge wollte ich auch nicht hören. Da ich auf der Suche nach Berührung und Zärtlichkeit schon oft enttäuscht wurde, fühlte ich mich wieder einmal mit der Sehnsucht danach alleingelassen. Im Hain von Delphi mied ich die Stätte des Orakels, trank ausgiebig von dem köstlichen Wein, hörte das laute Zirpen der Zikaden, die in der Hitze der Mittagsstunden ihr Konzert begannen. Dann fiel ich in einen tiefen Schlaf. Da erschien Charis. Intuitiv wusste ich, sie war eine der vielen Töchter des Zeus. Sie neigte sich zu mir. Ihre langen blonden Haare berührten sanft mein Gesicht. „Ich bin die Göttin der Zärtlichkeit", sagte sie leise. "Mein Vater Zeus hat mich zu dir gerufen". Ein unbeschreibliches Gefühl erfüllte mich, als mich Charis auf die Stirn küsste. Ihre warme, betörende Stimme drang an mein Ohr:

„Ich bin da, wenn der Wind über deine Haut streicht,

>wenn das Mondlicht
>dein Gesicht streift,

>wenn du ein Kind
>in den Schlaf wiegst,

>wenn du einen alten Baum
>umarmst,

>wenn du dem Rauschen der Baumkronen
>lauschst,

>wenn du das Summen der Bienen im
>Lavendelfeld hörst,

>wenn du dich über den Zug der Kraniche
>freust,

>wenn ein Segelfalter deinen Handrücken
>berührt,

dann bin ich bei dir!" Als die Dämmerung hereinbrach, wachte ich auf und rief: „Charis, wo bist du?" Ich rief noch lauter: "Charis, komm zurück!" Mein verzweifeltes Rufen blieb ungehört. Niemand war in meiner Nähe.

Der Wind strich über meine Haut. Ich war so benommen, dass ich wieder in einen tiefen Schlaf fiel.

Micha hat Angst

Micha war mit Oma in das Spiel mit dem Kaufladen vertieft: Einkaufen, den Reis in Tütchen füllen, die Ware abwiegen, mit dem Spielgeld bezahlen. Mama stand plötzlich im Zimmer und rief: „Micha, schnell, Schuhe und Jacke anziehen!" Die Sirene heulte. In der Ecke stand die neue Schultasche für die Einschulung im nächsten Jahr. Ein Bilderbuch blieb aufgeschlagen auf dem Boden liegen. Tante Maria schnappte mit der einen Hand die gepackte Tasche, mit der anderen schob sie Micha den Gang entlang zur Wohnungstür. Mama fasste Oma am Arm, weil sie nur mühsam gehen konnte. Da es verboten war, Licht anzumachen, brannten nur ein paar Kerzen, die die Wohnung spärlich erhellten. Mama löschte den letzten Kerzenstummel und sagte zu Oma, dass sie sich am Geländer festhalten solle. „Schnell, schnell", rief sie. Oma war stumm vor Schreck. Dann zog Mama die Wohnungstüre hinter sich zu. Micha stolperte über die Fußmatte und hielt sich an Mama fest. Er zitterte vor Angst. Im Treppenhaus eilten aufgeregte Bewohner mit Taschenlampen nach unten, schleppten Koffer, trugen Handtaschen und Rucksäcke. Wieder drang das schrille Heulen der Sirene vom Dach des gegenüberliegenden Wohnblocks. Im Keller war es dunkel und unheimlich. Taschenlampen und Laternen warfen ein unruhiges Licht an die Wände. Es war ein Schieben und Drängen, bis alle Leute in ihren Kellern Platz fanden. Micha hatte Angst und klammerte sich an Mama. Oma konnte sich auf einen alten Stuhl setzen und anlehnen, Mama und Tante Maria hockten auf

Kisten. In den dunklen Nachbarkellern jammerten Kinder. Dann kehrte langsam Ruhe ein. Eine unheimliche Anspannung stand im Raum.

Micha hörte, wie Tante Maria sagte: „Ich gehe rasch noch mal hinauf in die Wohnung, ein paar Dinge holen". „Nein, nein, geh nicht, um Himmels willen, bleib hier, Maria!", rief Mama eindringlich. In diesem Augenblick schlugen die Bomben auf das Dach. Es gab ein fürchterliches Krachen. Die Kellerwände zitterten, die oberen Stockwerke sackten zusammen, Türen barsten, die Treppenstufen und Eisengeländer donnerten nach unten. Micha klammerte sich an Mama, die aufschrie. Oma blieb stumm. Sie konnte nicht fassen, was um sie herum geschah. Dann rieselte Staub von der Decke. Es wurde still, sehr still … Niemand sprach.

Da hörte Micha, wie ein Knistern durch die Kellertür drang. Die Kohlen- und Holzvorräte begannen zu brennen. Eine Welle von Hitze breitete sich aus. Meterhohe Flammen schlugen aus dem Kellergang. Die beiden Fenster splitterten. Micha hielt sich die Ohren zu, als er Schreie und Explosionen hörte.

Er rief ganz laut: "Mama, wo bist du?" Er sah nicht Mama, nicht Oma, nur einen Haufen von Schutt und Staub. Und da war der Brandgeruch, der ihm den Atem nahm. Er sah noch, dass die Kellertür offen stand, und drängte hinaus. Eine Frau stieg die Treppe hinauf, Micha klammerte sich ganz fest an ihren Rock. Dann stürzte er mit der Frau nach draußen, aus der Hitze heraus in die kalte Novembernacht. Die fremde Frau zog ihn mit sich, rennend und stolpernd zwischen

Bombenkratern, herabfallenden Trümmerteilen, brennenden Holzbalken. Menschen irrten verloren auf der Straße herum. Im nahegelegenen Gartengelände retteten sie sich unter das Vordach eines Häuschens. Die Frau setzte Micha auf eine Bank, hüllte ihn in eine Decke und lief weg. Micha lehnte sich kraftlos an die Wand, wie gelähmt von allem, was geschah.

Die Frau kehrte zurück, mit einem kleinen Mädchen im Arm, beugte sich zu Micha und sagte nur: „Anna". Sie setzte Anna behutsam neben Micha auf die Bank und wickelte beide in die Decke. Micha sah, wie Geschosse zischend über das Gartengelände flogen, in der Ferne der helle Schein der brennenden Klinik. Anna klammerte sich an Micha und zitterte. Er hielt sie fest und zuckte jedes Mal zusammen, wenn ein Sprengkörper über sie hinwegschoss. Da erkannte er, dass Anna das Mädchen war, mit dem er am nächsten Tag zum Spielen verabredet war. Im hinteren Teil des Häuschens war eine alte Matratze, auf der beide völlig übermüdet einschliefen.

Micha wusste nicht, wie er am nächsten Tag in eine andere Wohnung zu Mama und Oma fand. Wer war die fremde Frau? Wo blieb Anna?

Er kann nicht mehr nachfragen, niemand weiß es, niemand.

Der syrische Junge

Auf dem orangefarbenen Sitz des Krankenwagens sehe ich ihn, den fünfjährigen syrischen Jungen. Sein dunkler Haarwuschel bedeckt die Stirn. Die linke Seite seines Gesichts ist blutverschmiert, das linke Auge ist geschwollen. Er ist in Staub gehüllt, die Füße nackt. Er schreit nicht, er weint nicht, der Schock raubt ihm die Sprache. Seine Augen schauen ohne erkennbare Regung, er macht einen verstörten Eindruck. Ich habe erfahren, dass er Omran heißt. Omran heißt im Arabischen „feste Struktur". Genau diese Struktur fehlt jetzt in der Umgebung, in der er bisher groß geworden ist. Niemand weiß, wo sein Vater ist, auch die Mutter weiß es nicht. Vielleicht ist er tot oder verschleppt. Die Mutter wartet, bis sie Omran sehen kann. Sie sitzt in einem Gang, in sich zusammengesunken, die Augen geschlossen, völlig übermüdet. Ein Mann von der Presse teilt soeben mit, dass der zehnjährige Bruder von Omran gestorben ist. Er ist trotz Operation seinen Wunden im Bauchbereich erlegen. Wer sagt es Omran? Erfährt er es überhaupt? Ich gehe kurz nach draußen, weil ich das Elend nicht ertragen kann. Da fällt mir ein Gedicht von Else Lasker-Schüler ein: Es ist ein Weinen in der Welt, als ob der liebe Gott gestorben wär...Trauer und Zorn steigen in mir hoch. Nach kurzer Zeit kehre ich zurück und schaue noch einmal zu Omran. Er sitzt immer noch unbeweglich. Er kann nicht begreifen, was mit ihm geschehen ist. Ich fühle mich ihm nah, denn ich konnte auch nichts verstehen in jener Novembernacht 1944, als ich als Fünfjähriger aus den brennenden Trümmern stieg. Das war vor über 70 Jahren und jetzt wieder in Aleppo. Auch ich war wie gelähmt wie Omran und war nicht fähig, Schmerzen zu empfinden, zu weinen, zu schreien, nach meiner Mutter zu rufen, sondern saß abgestumpft auf einer Bank, stundenlang.

Es wird lange dauern, bis Omran langsam begreift, was mit ihm geschehen ist, was um ihn herum vor sich geht, bis er die Zusammenhänge begreift. Krieg, Zerstörung, Verlust, Tod sind in ihm eingebrannt.

Ich danke

Tiko
für ihre liebevolle Unterstützung

den TeilnehmerInnen
des Literarischen Quadrates
für Anregungen

Christian
für das Layout